学年別 漢字童話シリーズ3

楽しく読んでスラスラおぼえる

3年生の漢字童話
オオカミ ギラの商売

井上 憲雄

本の泉社

はじめに

◆漢字指導の難しさ

小学校の学習指導のなかで、もっとも指導が難しいものの一つに漢字の指導があります。その原因はたくさんあるのですが、主なものとして、三つの原因があると思います。

まず、一つ目は、教えなければならない漢字の数が多く、それに見合うだけの授業時間数が確保されていないということです。

現在小学校で指導することになっている漢字は、一〇〇六字となっています。上の表（「学年別漢字配当表」（平成元年制定））からもわかるように、三年生、四年生はもっとも多く覚えなければならず、一・二年生と比べると、習熟率がぐんと下がります。（四年生ごろから五〇％に落ち込むという調査結果もある）

高学年になると、積み残してきた漢字を復習させながら、さらに新しい漢字を指導しなければなりません。しかも、国語の授業時間数は低学年より大幅に少なくなります。そのため、漢字の習熟は家庭での学習によるところが大きくなります。したがって、習熟の程度に大きな個人差が出てしまうのです。

漢字指導の難しさのもう一つの原因は、教科書にあります。国語の教科書は、漢字を指導するために作られたものではないため、どうしても無理があるのです。

物語や説明文のなかに出てくる漢字は、何度も読むため覚えやすいのですが、文法や言葉の指導などの小単元で出てくる漢字は、短文のなかで目にするだけで、あまり印象に残りません。しかも比較的多くの漢字が、こういう形で出てきます。

そのため、どうしても機械的な反復練習に終始することになり、漢字学習に興味をもてない子どもた

学年配当漢字の数

1年生	80字
2年生	160字
3年生	200字
4年生	200字
5年生	185字
6年生	181字

ちが出てしまうのです。

三つ目は、単元ごとに新出漢字を学習することになっているため、その単元ではよく覚えているようでも、何ヵ月かすると忘れてしまうということが起きてきます。当然のことです。そのため、一学期の復習や学年の復習のテストのでき具合が、極端に悪くなってしまうことが起こるのです。

配当漢字の多い三年生・四年生でこのようなことになると、小学校を卒業する段階では、なかなかこれを取り戻すことは難しくなってしまいます。

◆『漢字童話』の誕生

以前、特別支援学級で、K君という四年生の子どもさんを担任しました。このK君は、五歳児程度の知的発達といわれていましたが、とても学習意欲があり、本が好きでした。でも、漢字が読めないため、本を開くことはできても読んで楽しむことはできませんでした。

がんばって漢字学習に取り組み、一年生の漢字は何とか読めるようになりましたが、二年生の漢字は、一度読めてもすぐに忘れてしまいます。そのため、そこから先へ進むことができませんでした。

そこで考えたのが、覚えさせたい漢字を入れたお話（漢字童話）を作り、これを読みながら楽しく覚えさせるという方法でした。

漢字童話ができあがると、K君は目を輝かせて喜びました。その日から毎日、いっしょにお話を読んでいきました。すると、あれだけよく忘れていた漢字をスラスラと読むことができました。K君は、一月半で二年生の漢字一六〇字をすべて読めるようになりました。そして、三年生の漢字も読めるようになりたいという意欲を見せました。

急いで三年生の漢字童話を作って、またいっしょに読みました。するとまた一月半で全部の漢字を覚えました。

K君はこうして次々に新しい童話を読み、新しい漢字を覚えていきました。そして、六年生の秋には、小学校学習漢字一〇〇六字をすべて読めるようになったのです。

◆『学年別 漢字童話シリーズ』

その後、通常学級でも使える本にしたいと思い、この『学年別 漢字童話シリーズ』を作りました。このシリーズでは、漢字の代表的な読みは童話のなかで覚え、それに関連してほかの読み方と書き方の練習ができるようにしました。

これまで担任した学級で何度も使ってみましたが、どの学級でも子どもたちの方からすすんでページをめくってくれました。お話にとても興味をもってくれた子どもたちもいます。学期末や学年末の漢字の総復習テストでは、すべての学級で九〇%から九五%の習熟率でした。

本書は、このように、実践を通して試行錯誤のなかで生まれたものです。先生方、保護者の皆様のお力により、有効にお使いいただければさいわいです。

本書の構成と使い方

この本は、三つのステップで構成されています。

第一ステップ　お話を読もう！

まず、お話を読むことからはじめます。このステップで、その学年で習う漢字の代表的な読み方を学習します。

音読したり黙読したり、または、友だちや親子で一文ずつ交代で読んだりしながら、新出漢字を読めるようにしましょう。

すらすら読めるようになったら、太字の新出漢字だけを拾い読みしてみてください。

第二ステップ　「読み」をたしかめよう！

お話に出てくる順に、漢字だけを取り出してならべてあります。下のひらがなをかくして読んでみましょう。第一ステップがしっかりできていれば、すぐにできるはずです。

もし、読めない漢字があれば、第一ステップにもどって、その漢字が使われている文を繰り返し読みます。それから、もう一度このステップにもどってください。

第三ステップ

「読み」「書き」の練習をしよう！

最後のステップです。ここではいろいろな漢字の読み方と書き方の練習をします。

まず、漢字の「読み」を練習し、それから「書き」の練習をします。何度も音読してすらすら読めるようになってから「書き」の学習をはじめてください。筆順に気をつけてていねいに書きましょう。

最後に、見開きのページでテストをします。何度もノートに書いて、正しく覚えていきましょう。

本書は、光村図書出版の教科書にあわせて漢字を三つのグループに分けています。（一年生は二つ）
お話の「第一章」には、一学期に学習する漢字、「第二章」には二学期の漢字、第三章には三学期の漢字を使いました。
この光村図書の教科書をお使いの方は、学期ごとに学校の勉強とあわせて学習できるようになっていますので、有効にお使いください。

もくじ

本文イラスト　辻ノリコ

♪ 第1ステップ

お話を読もう！

　このステップでは、「オオカミ　ギラの商売《しょうばい》」というお話を読みます。
　楽しく読みながら、３年生でならう漢字《かんじ》の読み方をみんなおぼえてしまいましょう。
　スラスラ読めるようになったら、太字の漢字だけをひろい読みしてみてください。
　これができたら、つぎのステップへすすみましょう。

第《だい》一章 オオカミ ギラ

ある森にギラというびんぼうなオオカミがいました。

「ああ、お金もちになりたいな。」

ギラは、いつもぼやいてばかりいました。

ある日、ギラはふと、**商売**をすればお金がもうかるにちがいないと思いました。

「よし、**商売**をしよう。何を売ろうかな。」

ギラはちょっと考えてから、

「そうだ、野さいがいい。野さいならそこらじゅうにたくさんある。それをとってきて売ればいいんだ。」

こう言うとギラは**農作物**を**集**めてきて、にぎやかな**場所**にやおやを**開**きました。

「今日から、おれはここの店**主**だ。なかなかりっぱなお店

第《だい》一章《しょう》
商売《しょうばい》
農作物《のうさくぶつ》 **集《あつ》める**
場所《ばしょ》 **開《ひら》く**
店主《てんしゅ》

になったぞ。」

ギラは、表に出て、お店の写真を写しました。そして、

「夜までにはこの野さいを全部売るぞ！」

と、にんまりしました。

お昼近くになり、だんだんお店の前がにぎやかになりました。

「さあ、そろそろお客さんの行列ができるころだ。」

ギラは、すぐに品物を出せるように用意をしました。そして庭のすみから表通りを見ていました。いろんな動物た

写真《しゃしん》　写《うつ》す

全部《ぜんぶ》

お客《きゃく》　行列《ぎょうれつ》

品物《しなもの》　用意《ようい》

庭《にわ》　表通《おもてどお》り　動物《どうぶつ》

ちが、楽しそうに歩いて行きます。

ところが、いつまでたっても行列はできません。それどころか、みんなお店の方を見向きもせずに通りすぎて行きます。

「あれ、おかしいな。こんなにたくさん野さいがあるのに、だれも買わないなんて。」

ギラは予想がはずれて少し落ちこんでしまいました。

「いったい、何が悪いんだ。どこに問題があるんだろう。」

ギラは、野さいが売れない理由を考えました。

しばらくして、ポンとひざを打って、にっこりしました。

「そうだ。大事なことをわすれていたよ。みんなはこの野さいのよさが分からないんだ。」

ギラはさっそく、筆を出してきて、二・三回漢字の練習してから大きな紙にこう書きました。

見向《みむ》き
予想《よそう》　落《お》ちこむ
悪《わる》い　問題《もんだい》
理由《りゆう》
打《う》つ
大事《だいじ》
筆《ふで》　漢字《かんじ》　練習《れんしゅう》

〈安全で安心な野さい、味はさい高。〉

「子どもの時、習字を習っていてよかった。」

ギラは、つぶやきながらこのかんばんをお店の横に立てました。

「よし、これでだいじょうぶ。今に大いそがしになるぞ。」

ギラは、にんまりして通りの様子をうかがっていました。

うさぎの家族が通りかかりました。でも、かんばんに気づくことなく通りすぎていきました。

次《つぎ》に、おしゃれな洋服を着た、しかのカップルが来ました。でも、やっぱりかんばんに気づきません。

ギラは平気をよそおっていましたが、内心はだんだんあせってきました。そこで、かんばんをお店の前の道路の中央に立てました。

「ここなら、だれだって気づくだろう。」

安全《あんぜん》　安心《あんしん》　味《あじ》
習字《しゅうじ》　習《なら》う
横《よこ》
様子《ようす》
家族《かぞく》
洋服《ようふく》　着《き》る
平気《へいき》
道路《どうろ》　中央《ちゅうおう》

こう言うと、また、お店の中から様子を見ていました。

しばらくして、山登りのかっこうをしたたぬきの親子がやってきました。親子はお店の前のかんばんをじっと見つめました。

「やった！　とうとう気がついた。さあ、入ってくるぞ。」

ギラはわくわくしてお客さんをむかえようとしました。

その時です。

山登《やまのぼ》り

「こんな道の真ん中にかんばんを立てたのはだれだ！　あぶないじゃないか。」

父さんたぬきは、いきなりかんばんを引きぬいて、地面に投げつけました。かんばんはこわれ、くいが道のはん対がわへころがっていきました。

「うわあ、何をするんだ！」

短気で負けずぎらいなギラは、たった一日でやおやをやめてしまいました。

そのばん、ギラは、きつねのこん太の所に相談《だん》に行きました。こん太は、中学校の時の野球部の友だちでした。

こん太のうちは、森の五丁目の曲がり角にありました。

「こん太君、おれ、お金もうけがしたいんだが、どんな商売がいいだろうか？」

「そりゃあ、酒を売る商売がいいよ。」

真《ま》ん中

地面《じめん》　投《な》げる　はん対《たい》

短気《たんき》　負《ま》ける

所《ところ》　相談《だん》

野球部《やきゅうぶ》　五丁《ちょう》目

曲《ま》がり角

こん太君《くん》

酒《さけ》

「どうして？」

「だって、お酒のすきなやつは山ほどいるもの。」

「なるほど、それもそうだ。どうもありがとう、こん太君。」

ギラは、こん太にお礼を言って家へ帰りました。

次《つぎ》の日、ギラは森中の酒を集めてきました。そして買ってきた酒に三倍のねだんをつけました。

いよいよギラの酒店がオープンです。

お店を開けたとたんに、さるがやって来て、お酒を一本買っていきました。
「やった！　店を開いて十秒もしないうちに売れるなんて、さ

お礼《れい》
集《あつ》める
三倍《ばい》
酒店《さけてん》
開《あ》ける
十秒《びょう》

い先がいいぞ。」

ギラは目をかがやかせました。

「このぶんじゃあ、今に大いそがしになるだろう。アルバイトをやとって、交代で店番をするようにしよう。はいたつ係もいるな。何といってもお酒は重いもの。」

ギラはうきうきしてきました。

ところが、それっきりだれも買いに来ません。そのままとうとう夜になってしまいました。

ギラはくやしくて、お店の酒をがぶがぶのみました。そしてべろべろによっぱらってねてしまいました。

次《つぎ》の朝、頭ががんがんして目がさめました。そこで、二日よいにきく草の葉っぱを油であげて、かきの実といっしょに食べました。

しばらくするとあせが流れ出し、少し楽になりました。

交代《こうたい》
はいたつ係《がかり》
重《おも》い
二日《ふつか》
葉《は》っぱ
油《あぶら》
実《み》
流《なが》れる

「そうだ、薬だ！　薬局を開こう。でも、だれかに相談《だん》した方がいいな。だれにしよう。」

とそのとき、一さつの詩集が目にとまりました。去年、学者のフクロウじいさんからもらったものでした。

「そうだ。フクロウじいさんの意見を聞いてみよう。」

ギラは、電話番号を調べて電話をしてみました。

「申しわけないが、今日はちょっと都合が悪いなあ。予定が入っている。これから研究発表会で町の児《じ》童館へ行かなくちゃならんのだ。」

薬《くすり》　薬局《やっきょく》
詩集《ししゅう》　去年《きょねん》
学者《がくしゃ》
意見《いけん》
番号《ばんごう》　調《しら》べる
申《もう》しわけ
都合《つごう》
予定《よてい》
研究発表会《けんきゅうはっぴょうかい》
児童館《じどうかん》

「じゃあ明日《あす》はどうですか？」

「明日《あす》は、まごのけっこん式だ。でも夕方までには帰ってくるから、夜ならだいじょうぶじゃよ。」

次《つぎ》の日、ギラは太陽が西にかたむきかけたころ、フクロウじいさんの家へ出かけて行きました。

フクロウじいさんの家は、森の湖の島の中にありました。湖岸に立つと、さざ波がまぶしく銀色にかがやいていました。

第二章　フクロウじいさんの話

じいさんは、ギラの話を聞いて、じっと考えてから言いました。

けっこん式《しき》
太陽《たいよう》
湖《みずうみ》　島《しま》
湖岸《こがん》　さざ波《なみ》
銀色《ぎんいろ》
第《だい》二章

「わしは、昭和生まれじゃ。もうどれだけ生きられるかわからん。だから今日は、お前に大事な話をしてやろう。」

　じいさんはこう言うと、こんな話をはじめました。


──ある港町に、五郎という子が両親といっしょに住んでいた。五郎の家は魚屋をしていた。

　五郎は、中学一年のころはとても活発で学級委員もやっていた。

　ところが五郎が三年生になったとき、父さんが急に病気になった。ある日、血をはいてたおれてしまったのだ。幸いなことに命は取り止めたが、医者から仕事をやめるように言われた。

　それからしばらくして、今度は、母さんががけから転げ落ち、大けがをした。生死のさかいをさまよったが、発見

昭和《しょうわ》
港町《みなとまち》　両親《りょうしん》　住《す》む
魚屋《さかなや》
活発《かっぱつ》　学級委員《がっきゅういいん》
急《きゅう》に　病気《びょうき》
血《ち》　幸《さいわ》い　命《いのち》
取《と》り止める
医者《いしゃ》　仕事《しごと》
今度《こんど》　転《ころ》げる
生死《せいし》

が早かったため命拾いをした。

三人はこれからのことを考え、深い悲しみにつつまれた。

でも、いつまでも悲しんでばかりいられない。五郎は、悲しみに打ち勝つことが大事だと自分に言い聞かせた。そして、早起きをして新聞配たつをすることにした。毎朝、歯をくいしばってがんばり、やっと中学を卒《そつ》業した。

五郎は、学校を卒《そつ》業するとすぐに九州のおじさんの旅館ではたらくようになった。

そこでは、皿あらいと客間のそうじや整とんが主な仕事だった。朝からばんまで息つくまもないほどのいそがしさだった。

一日の仕事を終えると、二階の暗い屋根うら部屋で一人ねむった。夏は暑く、冬は寒い部屋だったが、五郎にとって、この時が、一日のうちで一番幸せな時だった。

命拾《いのちびろ》い
深《ふか》い悲《かな》しみ
打《う》ち勝《か》つ
早起《はやお》き　配《はい》たつ
歯《は》　卒業《そつぎょう》
九州《きゅうしゅう》　旅館《りょかん》
皿《さら》　客間《きゃくま》　整《せい》とん
主《おも》な　息《いき》
終《お》える　二階《かい》
暗《くら》い
屋根《やね》うら部屋《へや》
暑《あつ》い　寒《さむ》い　幸《しあわ》せ

この旅館ではたらくようになって三年がすぎた。

はじめのうちは、遊びたくして仕方なかったが、三年たったころには、仕事がおもしろいと思うようになっていた。

そんなある日のこと、板の間のそうじをしていると、どこからか、

「飲食店をやってみなさい。」

という声が聞こえてきた。

「あれ、だれかいるのかな。」

と、ふり返ってもだれもいない。柱のかげも見たが、やっぱりだれもいない。

すると今度は、

「おしゃれなレストランはどうだ？」

という声がした。

「あれ、父さんの声？」

遊《あそ》ぶ　仕方《しかた》ない

板の間《いたま》

飲食店《いんしょくてん》

ふり返《かえ》る　柱《はしら》

あたりを見回したがやはりだれもいない。

「レストランか。おもしろそうだな。」

五郎は、レストランという声に心が**動**くのを**感**じた。そして、この声は、**自**分自**身**の心の声かもしれないと思った。

さっそく五郎は、**調**理場のそうじをさせてもらうように、おじさんにたのんでみた。おじさんはこの**申**し出をこころよく**受**け入れてくれた。

次の日から、五郎は、**調**理場のそうじをしながら**調**理の**仕**方を見ておぼえた。そして、みんながねむってしまうと、その日おぼえた料理《りょうり》を作ってみた。

はじめは、**軽**い気持ちでやっていたのだが、だんだん本気になっていった。

レストランを**開**くというゆめを**追**いかけるようになってから、また三年がすぎた。そしてついに五郎は、レストラ

動《うご》く　**感**《かん》じる
自分自身《じぶんじしん》
調理場《ちょうりば》
申《もう》し出
受《う》け入れる
次《つぎ》
軽《かる》い
開《ひら》く　**追**《お》いかける

ンを**開**くことを**決意**したんだ。

五郎は大きな**荷物**を**持**って**列車**に**乗**り、ふるさとの町へ**向**かった。

列車が、**港**町へ入る**鉄橋**をわたる時、うれしさのあまり思わず**鼻**歌を口ずさんでいた。

いよいよふるさとの**駅**にとう**着**だ。なつかしいふるさとのにおいがした。

「ただいま。」

「あら、五郎！　五郎じゃないの。よく帰って来たね。ずっと**待**っていたんだよ。」

母さんがなみだ声でむかえてくれた。

「元気そうで**安**心したよ。」

「父さんたちも元気になってよかったね。」

「うん。おかげで**助**かったよ。」

決意《けつい》
荷物《にもつ》　**持**《も》つ　**列車**《れっしゃ》
乗《の》る　**向**《む》かう
港町《みなとまち》　**鉄橋**《てっきょう》
鼻《はな》歌
駅《えき》　とう**着**《ちゃく》
待《ま》つ
助《たす》かる

「これからは、ぼくが二人を守ってあげるよ。」

それから五郎は、レストランのことを両親に相談した。

「お前がやりたいんなら、やってみればいい。おれは、反対じゃない。」

「わたしも同じよ。昔、お店で使っていた道具があるからいるものがあれば使えばいいわ。それに、お湯をわかしたり、いもの皮をむいたりするくらいなら手つだうよ。」

「ありがとう、母さん、とても助かるよ。」

「そうだ。おれは、うらの畑にいろんな野さいのなえを植えて、おいしい野さいを作ってやるよ。」

「ありがとう、父さん、ぼくがんばるよ。おじさんの宿屋で習ったことを生かして世界一のレスランにしてみせるよ。」

「それはすばらしい。期待しているぞ。」

守《まも》る
相談《そうだん》
反対《はんたい》
昔《むかし》　使《つか》う　道具《どうぐ》
お湯《ゆ》
皮《かわ》
助《たす》かる
畑《はたけ》　植《う》える
宿屋《やどや》
世界《せかい》
期待《きたい》

こうして五郎は、自分の思い通りにことを進め、ついにレストランを開いた。

五郎は、いつもお客さんの身になって料理《りょうり》を考えた。父さんが作ってくれた大豆を使って、自分で豆ふを作った。みそも手作りだ。水そうで魚も育てた。そして、泳いでいる魚をすくいあげて料理《りょうり》をした。

味つけも、お客さんのこのみに合わせて注文通りに作った。お年よりには、消化によいものを使った。そして、麦茶でも緑茶でも氷水でも、自由に飲めるようにした。

レストランのひょうばんはたちまち広まっていった。やがて、レストランは、いつも満《まん》員になり、行列ができるほどになった。

こうして、五郎はついに幸せなくらしを手に入れたんだ。

進《すす》める
身《み》
大豆《だいず》　豆《とう》ふ
育《そだ》てる　泳《およ》ぐ
味《あじ》つけ　注文《ちゅうもん》
消化《しょうか》
緑茶《りょくちゃ》　氷水《こおりみず》　自由《じゆう》
飲《の》む
満員《まんいん》

「――どうだい。いい話だろう。五郎のレストランがせいこうしたのはどうしてかわかるかい？」

「あの、それは……」

フクロウじいさんは、ギラの顔をじっと見て、お茶を一ぱい飲みました。それから、ゆっくり言いました。

「ギラ、お金はお客さんが持ってきてくれるものだろう。そのお金は、お客さんの『ありがとう』という気持ちなんだ。五郎がたくさんお金をもうけたのは、この『ありがとう』という気持ちをたくさん集めたということなんだよ。」

ギラは、だまってうなずきました。

気持《きも》ち

集《あつ》める

第三章　ガードマン　ギラ

家に帰るとすぐに、ギラは手帳を出してきて、こう書きました。

〈お金はお客さんが持ってきてくれるもの〉

〈お金は、お客さんの「ありがとう」という気持ち〉

ギラはとても役に立つ勉強ができたと思いました。それから、〈ありがとう〉という気持ちがたくさん集められる仕事を考えました。

「そうだ！　病院だ。病院をつくろう。やがて有名になれば、他府《ふ》県からもかん者がやってくるはずだ。病気で苦しんでいる動物たちは、たくさんの〈ありがとう〉を運んできてくれるにちがいない。」

さっそくギラは、医者をさがし始めました。でも、だれ

手帳《てちょう》
役《やく》　勉強《べんきょう》
仕事《しごと》
病院《びょういん》　有名《ゆうめい》
他《た》府《ふ》県　かん者《じゃ》
病気《びょうき》　苦《くる》しむ
運《はこ》ぶ
医者《いしゃ》　始《はじ》める

もそんな**所**へ来てくれる**医者**はいませんでした。

「ああ、だめだ。どうしたらいいんだ。」

ギラは、頭をかかえて森の中をうろつきました。

ふと気がつくと、お**宮**の鳥居《とりい》の前に来ていました。そこに立っていると、秋**祭**りのたいこや**笛**の音が聞こえてくるようでした。

坂道を上っていくと**美**しい紅葉《こうよう》の中に、**神**社のけいだいが見えてきました。

ギラはさいせん**箱**にお金を入れて、手を合わせました。

「どうか、〈ありがとう〉がたくさん**集**まる**商**売が見つかりますように。」

そんなある日、一ぴきの**羊**がギラの家へやって来ました。

「オオカミさん、わたしの　家を**守**ってください。よくど

所《ところ》

お**宮**《みや》
秋**祭**《あきまつ》り　**笛**《ふえ》

坂道《さかみち》　**美**《うつく》しい
神社《じんじゃ》
さいせん**箱**《ばこ》

羊《ひつじ》

ろぼうに入られるんです。」

「へえ、どろぼうに入られるのかい。わかった、おれが守ってやるよ。」

ギラはひまだったので、羊のたのみを引き受けました。

その夜、ギラは一ばん中、羊の家の外で見はりをしました。寒くなると、炭をおこして体を温めました。

ガサガサと音がすると、ギラは、ウォーとほえました。すると、その音はピタリとやみます。それがおもしろくてたまりませんでした。

受《う》ける

炭《すみ》

温《あたた》める

次の日は、野ネズミがやって来て言いました。

「オオカミさん、うちの金**庫**を**守**ってください。」

「おやすいごようだ。」

ギラはガタガタと音がすると、するどい目をギラリと光らせました。すると、音はピタリとやみました。

一か月後、野ネズミは、ありがとうと言って、たくさんのお金をくれました。

それから、いろんな**動物**たちがギラにガードマンをたのみにきました。**放**火でこまっていたきつねの**区**長さんや学校あらしでこまっていた高**等**学校の先生

金**庫**《きんこ》
放火《ほうか》
区長《くちょう》
高**等**《こうとう》学校

もやってきました。

ギラは、一生けん命ガードマンの仕事をしました。そして、みんなからたくさんお礼を言ってもらいました。それがうれしくて、ますますがんばりました。

こうして、ギラは毎日とっても幸福な気持ちですごせるようになりました。

ある日、ギラはフクロウじいさんにこんな手紙を送りました。

フクロウじいさん、五郎がせいこうした本当のわけがやっとわかりました。

五郎はお金もうけよりもだれかによろこんでもらえることを大事にしていたのですね。よろこんでもらえ

一生けん命《めい》

お礼《れい》

幸福《こうふく》

送《おく》る

たから根気強くがんばれたのですね。

ギラより

すぐにじいさんから速たつで返事が来ました。

ギラ、その通りだ。仕事というのは、相手によろこんでもらえるからがんばれるんだ。すると、いつのまにかお金もたまっている、そういうものなんだよ。
ところで、この五郎というのはだれだかわかるかい。
実は、お前のひいじいさんなのじゃ。わしを指導《どう》してくれた方だ。
そろそろわしも五郎先生の所へ行こうと思う。

さようなら

根気《こんき》

速《そく》たつ　返事《へんじ》

相手《あいて》

実《じつ》は……　指導《しどう》

ギラは、むねの中からあついものがこみ上げてくるのがわかりました。

「フクロウじいさん、ひいじいちゃん、ありがとう。」

ギラは手紙に手を合わせました。

第2ステップ

漢字の「読み」をたしかめよう！

　このステップでは、お話に出てくる漢字の読み方をおぼえているかをたしかめるステップです。

　下のひらがなをかくして読んでみましょう。もし、わからない漢字があれば、もう一度《ど》「第１ステップ」にもどって、その漢字がつかわれている文をくりかえし読みます。それから、また、このステップにもどってください。

【第一章】	だいいっしょう
商売	しょうばい
農作物	のうさくぶつ
集める	あつめる
場所	ばしょ
開く	ひらく
店主	てんしゅ
写真	しゃしん
写す	うつす
全部	ぜんぶ
お客	おきゃく
行列	ぎょうれつ
品物	しなもの
用意	ようい
庭	にわ
表通り	おもてどおり
動物	どうぶつ
見向き	みむき
予想	よそう
落ちこむ	おちこむ
悪い	わるい
問題	もんだい
理由	りゆう
打つ	うつ
大事	だいじ
筆	ふで
漢字	かんじ
練習	れんしゅう
安全	あんぜん
安心	あんしん
味	あじ
習字	しゅうじ
習う	ならう
横	よこ
様子	ようす
家族	かぞく
洋服	ようふく
着る	きる
平気	へいき
道路	どうろ
中央	ちゅうおう
山登り	やまのぼり
真ん中	まんなか
地面	じめん
投げる	なげる

はん対	はんたい
短気	たんき
負ける	まける
こん太の所	こんたのところ
相談《だん》	そうだん
野球部	やきゅうぶ
五丁目	ごちょうめ
曲がり角	まがりかど
こん太君	こんたくん
酒	さけ
お礼	おれい
三倍	さんばい
酒店	さけてん
開ける	あける
十秒	じゅうびょう

交代	こうたい
はいたつ係	はいたつがかり
重い	おもい
葉っぱ	はっぱ
油	あぶら
かきの実	かきのみ
流れる	ながれる
薬	くすり
薬局	やっきょく
詩集	ししゅう
去年	きょねん
学者	がくしゃ
意見	いけん
番号	ばんごう
調べる	しらべる

申しわけ	もうしわけ
都合	つごう
予定	よてい
研究発表会	けんきゅうはっぴょうかい
児《じ》童館	じどうかん
けっこん式	けっこんしき
次の日	つぎのひ
太陽	たいよう
湖	みずうみ
島	しま
湖岸	こがん
さざ波	さざなみ
銀色	ぎんいろ
【第二章】	だいにしょう
昭和	しょうわ

港町	みなとまち
両親	りょうしん
住む	すむ
魚屋	さかなや
活発	かっぱつ
学級委員	がっきゅういいん
急に	きゅうに
病気	びょうき
血	ち
幸い	さいわい
命	いのち
取り止める	とりとめる
医者	いしゃ
仕事	しごと
今度	こんど

転げる	ころげる
生死	せいし
命拾い	いのちびろい
深い	ふかい
悲しみ	かなしみ
打ち勝つ	うちかつ
早起き	はやおき
配たつ	はいたつ
歯	は
卒《そつ》業	そつぎょう
九州	きゅうしゅう
旅館	りょかん
皿あらい	さらあらい
整とん	せいとん
主な	おもな

息つくひま	いきつくひま
終える	おえる
二階	にかい
暗い	くらい
屋根	やね
部屋	へや
暑い	あつい
寒い	さむい
幸せ	しあわせ
遊ぶ	あそぶ
仕方ない	しかたない
板の間	いたのま
飲食店	いんしょくてん
ふり返る	ふりかえる
柱のかげ	はしらのかげ

動く	うごく
感じる	かんじる
自分自身	じぶんじしん
調理場	ちょうりば
申し出	もうしで
受け入れる	うけいれる
軽い	かるい
追う	おう
決意	けつい
荷物	にもつ
持つ	もつ
列車	れっしゃ
乗る	のる
向かう	むかう
鉄橋	てっきょう

鼻歌	はなうた
駅	えき
とう着	とうちゃく
待つ	まつ
助かる	たすかる
守る	まもる
相談	そうだん
反対	はんたい
昔	むかし
使う	つかう
道具	どうぐ
お湯	おゆ
いもの皮	いものかわ
畑	はたけ
植える	うえる

宿屋	やどや
世界	せかい
期待	きたい
進める	すすめる
人の身	ひとのみ
大豆	だいず
豆ふ	とうふ
育てる	そだてる
泳ぐ	およぐ
味つけ	あじつけ
注文	ちゅうもん
消化	しょうか
緑茶	りょくちゃ
氷水	こおりみず
自由	じゆう

飲む	のむ
満《まん》員	まんいん
気持ち	きもち

【第三章】

手帳	てちょう
役に立つ	やくにたつ
勉強	べんきょう
病院	びょういん
有名	ゆうめい
他府《ふ》県	たふけん
かん者	かんじゃ
病気	びょうき
苦しむ	くるしむ
運ぶ	はこぶ
医者	いしゃ

始める	はじめる
お宮	おみや
秋祭り	あきまつり
笛やたいこ	ふえやたいこ
坂道	さかみち
美しい	うつくしい
神社	じんじゃ
さいせん箱	さいせんばこ
羊	ひつじ
炭をおこす	すみをおこす
温める	あたためる
金庫	きんこ
放火	ほうか
区長	くちょう

高等学校	こうとうがっこう
一生けん命	いっしょうけんめい
幸福	こうふく
送る	おくる
根気	こんき
速たつ	そくたつ
返事	へんじ
実は……	じつは……
指導《どう》	しどう

第3ステップ

漢字の「読み」「書き」の練習《れんしゅう》をしよう！

このステップでは、お話に出てくる漢字の読み方だけでなく、いろいろな読み方の練習と書き方の練習をします。

まずさいしょに、下の言葉《ことば》を読んでみましょう。これまでに習《なら》った漢字ですが、とくべつな読み方をする言葉です。

これが読めたら、次に「０グループ」へ進《すす》みます。これは、１・２年生で習う漢字ですが、これまでに習っていない読み方をする言葉です。

いよいよ「一グループ」から３年生の漢字です。何度《なんど》も声に出して読んでください。スラスラ読めるようになったら、書きの練習です。書きじゅんに注意して、ていねいになぞってから、右のわくの中へ書きます。

さいごに、10 文字テストをします。はじめは、左のページを見てもよいですが、だんだん見ずに書けるようにしてください。その時は、かならずノートに書いて、何度も練習することがたいせつです。

このようにして、「二グループ」「三グループ」と進んでいきましょう。

〈とくべつな読み方をする言葉〉

今日	今朝	今年	二十日	大人	母さん	父さん	兄さん	姉さん	七夕	上手	真っ青
きょう	けさ	ことし	はつか	おとな	かあさん	とうさん	にいさん	ねえさん	たなばた	じょうず	まっさお

0グループ

一分間
四分音符《ぶ》
言葉
間をとる
細かい
少ない
内がわ
朝食
早朝
直線
行う

いっぷんかん
しぶおんぷ
ことば
まをとる
こまかい
すくない
うちがわ
ちょうしょく
そうちょう
ちょくせん
おこなう

発見
生クリーム
行く手
目的地
明らか
行動
親しむ
通学
句読点
晴天
（かねが）鳴る
同時

はっけん
なまクリーム
ゆくて
もくてきち
あきらか
こうどう
したしむ
つうがく
くとうてん
せいてん
なる
どうじ

入力
新刊《かん》
参《さん》考
大工
引用
一歩
力士
絵画
十五夜
中秋
用いる
出征《せい》

にゅうりょく
しんかん
さんこう
だいく
いんよう
いっぽ
りきし
かいが
じゅうごや
ちゅうしゅう
もちいる
しゅっせい

一行空き
円い
日光
牛乳《にゅう》
白玉
交ぜる（漢字とかなを）
新聞
新たに
魚市場
百人一首
後の時代
市区町村

いちぎょうあき
まるい
にっこう
ぎゅうにゅう
しらたま
まぜる
しんぶん
あらたに
うおいちば
ひゃくにんいっしゅ
のちのじだい
しくちょうそん

電池
こん虫
記す
教わる
千代紙
昼食
明かり

でんち
こんちゅう
しるす
おそわる
ちよがみ
ちゅうしょく
あかり

一グループ

〔一学期〕

①第一章	だいいっしょう
文章	ぶんしょう
記章	きしょう
②商売	しょうばい
商店	しょうてん
商人	しょうにん
③農作物	のうさくぶつ
農業	のうぎょう
農家	のうか
④人物	じんぶつ
書物	しょもつ

作物	さくもつ
物語	ものがたり
物音	ものおと
⑤集める	あつめる
集合	しゅうごう
集会	しゅうかい
⑥場所	ばしょ
近い所	ちかいところ
台所	だいどころ
近所	きんじょ
⑦(店を)開く	ひらく
(ふたが)開く	あく

(まくを)開ける	あける
開会	かいかい
開店	かいてん
⑧店主	てんしゅ
主人	しゅじん
主語	しゅご
⑨写真	しゃしん
写生	しゃせい
書写	しょしゃ
⑩真実	しんじつ
真っ黒	まっくろ
真心	まごころ

①	ショウ	章
②	ショウ	商
③	ノウ	農
④	ブツ・モツ もの	物
⑤	シュウ あつまる・あつめる	集
⑥	ショ ところ	所
⑦	カイ　ひらく・ひらける あく・あける	開
⑧	シュ ぬし・おも	主
⑨	シャ うつす・うつる	写
⑩	シン ま	真

① 第一□《しょう》

文□《しょう》

② □《しょう》売

□《しょう》店

③ □《のう》作物

□《のう》業

④ 人□《ぶつ》

書□《もつ》

⑤ □《あつめる》

□《しゅう》合

⑥ 場□《しょ》

近い□《ところ》

⑦ (店を)□《ひらく》

□《かい》会

⑧ 店□《しゅ》

□《しゅ》人

⑨ □□《しゃしん》

書□《しゃ》

⑩ □《ま》っ黒

① 第一章《しょう》
文章《しょう》

② 商《しょう》売
商《しょう》店

③ 農《のう》作物
農《のう》業

④ 人物《ぶつ》
書物《もつ》

⑤ 集める《あつめる》
集《しゅう》合

⑥ 場所《しょ》
近い所《ところ》

⑦ (店を)開く《ひらく》
開《かい》会

⑧ 店主《しゅ》
主《しゅ》人

⑨ 写《しゃ》真《しん》
書写《しゃ》

⑩ 真《ま》っ黒

二グループ

〔一学期〕

①全部　ぜんぶ
全体　ぜんたい
全く　まったく
全て　すべて
②本部　ほんぶ
大部分　だいぶぶん
部首　ぶしゅ
③お客　おきゃく
客間　きゃくま
来客　らいきゃく
④行列　ぎょうれつ

列車　れっしゃ
整列　せいれつ
⑤品物　しなもの
手品　てじな
薬品　やくひん
作品　さくひん
⑥用意　ようい
意味　いみ
⑦庭　にわ
中庭　なかにわ
校庭　こうてい
⑧表通り　おもてどおり

書き表す　かきあらわす
表れる　あらわれる
発表　はっぴょう
表紙　ひょうし
⑨動物　どうぶつ
活動　かつどう
動く　うごく
⑩見向き　みむき
向く　むく
向こう　むこう
向かう　むかう
方向　ほうこう

番号	読み	漢字
①	ゼン まったく・すべて	全
②	ブ	部
③	キャク	客
④	レツ	列
⑤	ヒン しな	品
⑥	イ	意
⑦	テイ にわ	庭
⑧	ヒョウ おもて・あらわす・あらわれる	表
⑨	ドウ うごく・うごかす	動
⑩	コウ むく・むける・むかう むこう	向

①
□《ぜん》部
□《まったく》

②
本□《ぶ》
大□《ぶ》分

③
お□《きゃく》
□《きゃく》間

④
行□《れつ》
□《れっ》車

⑤
□《しな》物
薬□《ひん》

⑥
用□《い》
□《い》味

⑦
□《にわ》
校□《てい》

⑧
□《おもて》通り
書き□《あらわす》

⑨
□《どう》物
□《うごく》

⑩
見□《むき》
方□《こう》

①
全《ぜん》部
全く《まったく》

②
本部《ぶ》
大部《ぶ》分

③
お客《きゃく》
客《きゃく》間

④
行列《れつ》
列《れつ》車

⑤
品《しな》物
薬品《ひん》

⑥
用意《い》
意《い》味

⑦
庭《にわ》
校庭《てい》

⑧
表《おもて》通り
書き表す《あらわす》

⑨
動《どう》物
動く《うごく》

⑩
見向き《むき》
方向《こう》

三グループ

〔一学期〕

①予想　よそう
予定　よてい
予習　よしゅう

②理想　りそう
感想　かんそう
発想　はっそう

③落ちこむ　おちこむ
落ちる　おちる
落下　らっか
落日　らくじつ

④悪い　わるい
悪用　あくよう
悪人　あくにん

⑤問題　もんだい
学問　がくもん
問い　とい

⑥題名　だいめい
表題　ひょうだい

⑦理由　りゆう
自由　じゆう

⑧打つ　うつ
打球　だきゅう
打者　だしゃ
代打　だいだ

⑨大事　だいじ
事む室　じむしつ
火事　かじ
出来事　できごと

⑩筆　ふで
一筆書き　ひとふでがき
えん筆　えんぴつ
筆者　ひっしゃ
毛筆　もうひつ

番号	読み	漢字
①	ヨ	予
②	ソウ	想
③	ラク おちる・おとす	落
④	アク わるい	悪
⑤	モン とう・とい・とん	問
⑥	ダイ	題
⑦	ユ・ユウ	由
⑧	ダ うつ	打
⑨	ジ こと	事
⑩	ヒツ ふで	筆

①
□《よ》想
□《よ》定

②
理□《そう》
感□《そう》

③
□《おちる》
□《らっ》下

④
□《わるい》
□《あく》用

⑤
□《もん》題
□《とい》を出す

⑥
□《だい》名
表□《だい》

⑦
理□《ゆう》
自□《ゆう》

⑧
□《(ひざを)うつ》
□《だ》球

⑨
大□《じ》
出来□《ごと》

⑩
□《ふで》
えん□《ぴつ》

①
予《よ》想
予《よ》定

②
理想《そう》
感想《そう》

③
落ちる《おちる》

落《らっ》下

④
悪い《わるい》
悪《あく》用

⑤
問《もん》題
問い《とい》を出す

⑥
題《だい》名
表題《だい》

⑦
理由《ゆう》
自由《ゆう》

⑧
打つ《（ひざを）うつ》

打《だ》球

⑨
大事《じ》
出来事《ごと》

⑩
筆《ふで》
えん筆《ぴつ》

四 グループ

〔一学期〕

①漢字	かんじ
漢数字	かんすうじ
漢語	かんご
②練習	れんしゅう
(こなを)練る	ねる
③学習	がくしゅう
習字	しゅうじ
自習	じしゅう
④安全	あんぜん
安心	あんしん
安定	あんてい
安い	やすい
⑤味	あじ
味わう	あじわう
かぜ気味	かぜぎみ
意味	いみ
⑥横	よこ
横書き	よこがき
横転	おうてん
⑦様子	ようす
王様	おうさま
お客様	おきゃくさま
⑧家族	かぞく
親族	しんぞく
水族館	すいぞくかん
⑨洋服	ようふく
洋食	ようしょく
洋式	ようしき
太平洋	たいへいよう
⑩服そう	ふくそう
せい服	せいふく
礼服	れいふく

オウ よこ 横	⑥	カン 漢	①
ヨウ さま 様	⑦	レン ねる 練	②
ゾク 族	⑧	シュウ ならう 習	③
ヨウ 洋	⑨	アン やすい 安	④
フク 服	⑩	ミ あじ・あじわう 味	⑤

①
□《かん》字
□《かん》数字

②
□□《れんしゅう》
こなを□《ねる》

③
学□《しゅう》

④
□《あん》全
□《やすい》

⑤
よい□《あじ》
かぜ気□《み》

⑥
□《よこ》の人
□《おう》転

⑦
□《よう》子
王□《さま》

⑧
家□《ぞく》
水□《ぞく》館

⑨
□□《ようふく》
□《よう》食

⑩
せい□《ふく》

①

漢《かん》字

漢《かん》数字

②

練《れん》習《しゅう》

こなを練る《ねる》

③

学習《しゅう》

④

安《あん》全

安い《やすい》

⑤

よい味《あじ》

かぜ気味《み》

⑥

横《よこ》の人

横《おう》転

⑦

様《よう》子

王様《さま》

⑧

家族《ぞく》

水族《ぞく》館

⑨

洋《よう》服《ふく》

洋《よう》食

⑩

せい服《ふく》

五グループ

〔一学期〕

① 着る（服を）　きる
着地　ちゃくち
着用　ちゃくよう
② 平気　へいき
平日　へいじつ
水平線　すいへいせん
平泳ぎ　ひらおよぎ
平らな道　たいらなみち
③ 道路　どうろ
路上　ろじょう

旅路　たびじ
④ 中央　ちゅうおう
⑤ 山登り　やまのぼり
登校　とうこう
登場　とうじょう
⑥ 地面　じめん
正面　しょうめん
場面　ばめん
⑦ 投げる　なげる
投球　とうきゅう
投手　とうしゅ
投書　とうしょ

⑧ はん対　はんたい
対面　たいめん
対岸　たいがん
対話　たいわ
⑨ 短気　たんき
短文　たんぶん
短歌　たんか
短所　たんしょ
短い　みじかい
⑩ 負ける　まける
（きずを）負う　おう
自負　じふ

メン 面	⑥	チャク きる・きせる・つく・つける 着	①
トウ なげる 投	⑦	ヘイ・ビョウ たいら・ひら 平	②
タイ 対	⑧	ロ じ 路	③
タン みじかい 短	⑨	オウ 央	④
フ まける・まかす・おう 負	⑩	トウ・ト のぼる 登	⑤

① （服を）□《きる》

□《ちゃく》用

② □《へい》気

□《たいらな》道

③ 道□《ろ》

□《ろ》上

④ 中□《おう》

中□《おう》口

⑤ 山□《のぼり》

□《とう》校

⑥ 地□《めん》

正□《めん》

⑦ □《なげる》

□《とう》手

⑧ はん□《たい》

□《たい》話

⑨ □《たん》気

□《みじかい》文

⑩ □《まける》

自□《ふ》

①

着る《(服を)きる》

着《ちゃく》
用

②

平《へい》
気

平らな《たいらな》
道

③

道
路《ろ》

路《ろ》
上

④

中
央《おう》

中
央《おう》
口

⑤

山
登り《のぼり》

登《とう》
校

⑥

地
面《めん》

正
面《めん》

⑦

投げる《なげる》

投《とう》
手

⑧

はん
対《たい》

対《たい》
話

⑨

短《たん》
気

短い《みじかい》
文

⑩

負ける《まける》

自
負《ふ》

六グループ

〔一学期〕

① 相談	そうだん
相手	あいて
相づち	あいづち
② 野球部	やきゅうぶ
地球	ちきゅう
電球	でんきゅう
球ひろい	たまひろい
③ 五丁目	ごちょうめ
ほう丁	ほうちょう
一丁前	いっちょうまえ
とうふ一丁	とうふいっちょう

④ 曲がり角	まがりかど
曲げる	まげる
作曲	さっきょく
曲線	きょくせん
⑤ こん太君	こんたくん
君たち	きみたち
⑥ 酒	さけ
酒屋	さかや
日本酒	にほんしゅ
⑦ お礼	おれい
朝礼	ちょうれい
失礼	しつれい

⑧ 三倍	さんばい
人一倍	ひといちばい
何倍	なんばい
⑨ 十秒	じゅうびょう
秒読み	びょうよみ
⑩ 交代	こうたい
代表	だいひょう
時代	じだい
代金	だいきん
千代紙	ちよがみ

No.	読み	漢字
①	ソウ あい	相
②	キュウ たま	球
③	チョウ	丁
④	キョク まがる・まげる	曲
⑤	クン きみ	君
⑥	シュ さけ・さか	酒
⑦	レイ	礼
⑧	バイ	倍
⑨	ビョウ	秒
⑩	ダイ タイ かわる・かえる・よ	代

① □《そう》談　□《あい》手

② 野□《きゅう》部　□《たま》ひろい

③ 五□《ちょう》目　ほう□《ちょう》

④ □《まがり》角　□《きょく》線

⑤ こん太□《くん》　□《きみ》たち

⑥ □《さけ》　日本□《しゅ》

⑦ お□《れい》　朝□《れい》

⑧ 三□《ばい》　人一□《ばい》

⑨ 十□《びょう》　□《びょう》読み

⑩ 交□《たい》　□《だい》表

①
相《そう》談
相《あい》手

②
野球《きゅう》部
球《たま》ひろい

③
五丁《ちょう》目
ほう丁《ちょう》

④
曲がり《まがり》角
曲《きょく》線

⑤
こん太君《くん》
君《きみ》たち

⑥
酒《さけ》
日本酒《しゅ》

⑦
お礼《れい》
朝礼《れい》

⑧
三倍《ばい》
人一倍《ばい》

⑨
十秒《びょう》
秒《びょう》読み

⑩
交代《たい》
代《だい》表

七グループ

〔一学期〕

①はいたつ係　はいたつがかり
主語に係る　しゅごにかかる
関《かん》係　かんけい
係長　かかりちょう

②重いはこ　おもいはこ
重ねる　かさねる
体重　たいじゅう
重大　じゅうだい

③葉っぱ　はっぱ
落ち葉　おちば
落葉　らくよう

④油　あぶら
油絵　あぶらえ
石油　せきゆ
油田　ゆでん

⑤実　み
かきが実る　かきがみのる
実は……　じつは……

⑥流れる　ながれる
流木　りゅうぼく
流行　りゅうこう

⑦薬　くすり
かぜ薬　かぜぐすり
薬局　やっきょく

⑧ゆうびん局　ゆうびんきょく
局長　きょくちょう

⑨詩集　ししゅう
詩人　しじん
詩を書く　しをかく

⑩去年　きょねん
死去　しきょ
雨雲が去る　あまぐもがさる

①	ケイ かかる・かかり	係
②	ジュウ・チョウ おもい・かさねる・かさなる	重
③	ヨウ は	葉
④	ユ あぶら	油
⑤	ジツ み・みのる	実
⑥	リュウ ながれる・ながす	流
⑦	ヤク くすり	薬
⑧	キョク	局
⑨	シ	詩
⑩	キョ さる	去

①はいたつ□《がかり》

関《かん》□《けい》

②□《おも》いはこ

体□《じゅう》

③□《は》っぱ

落□《よう》

④□《あぶら》

石□《ゆ》

⑤かきの□《み》

□《じつは……》

⑥□《ながれる》

□《りゅう》木

⑦□《くすり》

⑧□《やっ》□《きょく》

ゆうびん□《きょく》

⑨□《し》集

□《し》人

⑩□《きょ》年

雨雲が□《さる》

①はいたつ係《がかり》

関《かん》係《けい》

②重《おも》いはこ

体重《じゅう》

③葉《は》っぱ

落葉《よう》

④油《あぶら》

石油《ゆ》

⑤かきの実《み》

実は《じつは……》

⑥流れる《ながれる》

流《りゅう》木

⑦薬《くすり》

⑧薬《やっ》局《きょく》

ゆうびん局《きょく》

⑨詩《し》集

詩《し》人

⑩去《きょ》年

雨雲が去る《さる》

八グループ

〔一学期〕

①学者	がくしゃ
作者	さくしゃ
走者	そうしゃ
筆者	ひっしゃ
人気者	にんきもの
②番号	ばんごう
記号	きごう
年号	ねんごう
③調べる	しらべる
調子	ちょうし
体調	たいちょう
調理	ちょうり
強調	きょうちょう
④申しわけ	もうしわけ
申す	もうす
申し出	もうしで
⑤都合	つごう
都市	とし
都会	とかい
すめば都	すめばみやこ
⑥予定	よてい
定着	ていちゃく
決定	けってい
定める	さだめる
⑦研究	けんきゅう
研究者	けんきゅうしゃ
⑧究明	きゅうめい
追究	ついきゅう
⑨発表	はっぴょう
発言	はつげん
発明	はつめい
活発	かっぱつ
⑩児《じ》童館	じどうかん
児《じ》童会	じどうかい
童話	どうわ

①	シャ もの	者
②	ゴウ	号
③	チョウ しらべる	調
④	もうす	申
⑤	ト・ツ みやこ	都
⑥	テイ・ジョウ さだめる・さだまる	定
⑦	ケン	研
⑧	キュウ	究
⑨	ハツ	発
⑩	ドウ	童

①
学□《しゃ》

人気□《もの》

②
番□《ごう》

記□《ごう》

③
□《しらべる》

□《ちょう》子

④
□《もうし》わけ

□《もうし》出

⑤
□《つ》合

□《と》市

⑥
予□《てい》

□《さだめる》

⑦
□《けん》□《きゅう》

⑧
□《きゅう》明

追□《きゅう》

⑨
□《はっ》表

□《はつ》言

⑩
児《じ》□《どう》館

□《どう》話

①
学者《しゃ》
人気者《もの》

②
番号《ごう》
記号《ごう》

③
調べる《しらべる》

調《ちょう》子

④
申し《もうし》わけ
申し《もうし》出

⑤
都《つ》合
都《と》市

⑥
予定《てい》
定める《さだめる》

⑦
研《けん》究《きゅう》

⑧
究《きゅう》明
追究《きゅう》

⑨
発《はっ》表
発《はつ》言

⑩
児《じ》童《どう》館
童《どう》話

九グループ

〔一・二学期〕

①図書館　としょかん
体育館　たいいくかん
昔の館　むかしのやかた
②けっこん式　けっこんしき
式をたてる　しきをたてる
入学式　にゅうがくしき
③次の日　つぎのひ
次回　じかい
目次　もくじ
④太陽　たいよう
陽気　ようき

⑤湖　みずうみ
湖面　こめん
湖上　こじょう
⑥島　しま
島国　しまぐに
半島　はんとう
列島　れっとう
⑦湖岸　こがん
海岸　かいがん
対岸　たいがん
川岸　かわぎし
⑧さざ波　さざなみ

波立つ　なみだつ
波打ちぎわ　なみうちぎわ
電波　でんぱ
⑨銀色　ぎんいろ
銀行　ぎんこう
金銀　きんぎん
銀山　ぎんざん

〔二学期〕

⑩第二章　だいにしょう
第一　だいいち
落第　らくだい

トウ しま 島	⑥	カン やかた 館	①
ガン きし 岸	⑦	シキ 式	②
ハ なみ 波	⑧	ジ つぐ・つぎ 次	③
ギン 銀	⑨	ヨウ 陽	④
ダイ 第	⑩	コ みずうみ 湖	⑤

①

図書□《かん》

昔の□《やかた》

②

けっこん□《しき》

入学□《しき》

③

□《つぎ》の日

□《じ》会

④

太□《よう》

□《よう》気

⑤

□《みずうみ》

□《こ》面

⑥

□《しま》

半□《とう》

⑦

湖□《がん》

川□《ぎし》

⑧

さざ□《なみ》

電□《ぱ》

⑨

□《ぎん》色

□《ぎん》行

⑩

□《だい》二章

落□《だい》

①
図書館《かん》

昔の館《やかた》

②
けっこん式《しき》

入学式《しき》

③
次《つぎ》の日

次《じ》会

④
太陽《よう》

陽《よう》気

⑤
湖《みずうみ》

湖《こ》面

⑥
島《しま》

半島《とう》

⑦
湖岸《がん》

川岸《ぎし》

⑧
さざ波《なみ》

電波《ぱ》

⑨
銀《ぎん》色

銀《ぎん》行

⑩
第《だい》二章

落第《だい》

十グループ

〔二学期〕

① 昭和　しょうわ
② 平和　へいわ
調和　ちょうわ
和室　わしつ
和紙　わし
③ 港町　みなとまち
空港　くうこう
開港　かいこう
④ 両親　りょうしん
（町に）両手　りょうて
⑤ 住む　すむ

住まい　すまい
住所　じゅうしょ
⑥ 魚屋　さかなや
小屋　こや
屋上　おくじょう
部屋　へや
⑦ 学級　がっきゅう
上級生　じょうきゅうせい
進級　しんきゅう
⑧ 委員　いいん
（先生に）委員長　いいんちょう
委ねる　ゆだねる

⑨ 急に　きゅうに
急行　きゅうこう
急用　きゅうよう
急ぐ　いそぐ
⑩ 病気　びょうき
病院　びょういん
重病　じゅうびょう
病は気から　やまいはきから

①	ショウ	昭
②	ワ	和
③	コウ みなと	港
④	リョウ	両
⑤	ジュウ すむ・すまう	住
⑥	オク や	屋
⑦	キュウ	級
⑧	イ ゆだねる	委
⑨	キュウ いそぐ	急
⑩	ビョウ やまい	病

①
□《しょう》□《わ》

② 平
□《わ》
調
□《わ》

③
□《みなと》町
空
□《こう》

④
□《りょう》親
□《りょう》手

⑤
（町に）□《すむ》
□《じゅう》所

⑥ 魚
□《や》
□《おく》上

⑦ 学
□《きゅう》
進
□《きゅう》

⑧
□《い》員
（先生に）□《ゆだねる》

⑨
□《きゅうに》
□《いそぐ》

⑩
□《びょう》気
□《びょう》院

①

昭《しょう》和《わ》

②

平和《わ》

調和《わ》

③

港《みなと》町

空港《こう》

④

両《りょう》親

両《りょう》手

⑤

(町に)住む《すむ》

住《じゅう》所

⑥

魚屋《や》

屋《おく》上

⑦

学級《きゅう》

進級《きゅう》

⑧

委《い》員

(先生に)委ねる《ゆだねる》

⑨

急に《きゅうに》

急ぐ《いそぐ》

⑩

病《びょう》気

病《びょう》院

十一グループ

〔二学期〕

①血が出る	ちがでる
出血	しゅっけつ
血えき	けつえき
②幸い	さいわい
幸せ	しあわせ
幸運	こううん
③命	いのち
生命	せいめい
運命	うんめい
④取り止める	とりとめる
取材	しゅざい
先取点	せんしゅてん
⑤医者	いしゃ
医学	いがく
名医	めいい
⑥仕事	しごと
仕組み	しくみ
仕える	つかえる
⑦今度	こんど
一度	いちど
温度	おんど
⑧転げる	ころげる
転ぶ	ころぶ
自転車	じてんしゃ
回転	かいてん
転校	てんこう
⑨生死	せいし
死ぬ	しぬ
死者	ししゃ
死後	しご
⑩命拾い	いのちびろい
拾う	ひろう
拾い物	ひろいもの

①	ケツ ち	血
②	コウ さいわい・しあわせ	幸
③	メイ いのち	命
④	シュ とる	取
⑤	イ	医
⑥	シ つかえる	仕
⑦	ド	度
⑧	テン　ころがる・ころげる ころがす・ころぶ	転
⑨	シ しぬ	死
⑩	ひろう	拾

① □《ち》が出る

出□《けつ》

② □《さいわい》

□《こう》運

③ □《いのち》

生□《めい》

④ □《とり》止める

□《しゅ》材

⑤ □《い》者

□《い》学

⑥ □《し》事

□《つかえる》

⑦ 今□《ど》

温□《ど》

⑧ □《ころげる》

自□《てん》車

⑨ 生□《し》

□《しぬ》

⑩ 命□《びろい》

□《ひろい》物

①
血《ち》が出る
出血《けつ》

②
幸い《さいわい》
幸《こう》運

③
命《いのち》
生命《めい》

④
取り《とり》止める
取《しゅ》材

⑤
医《い》者
医《い》学

⑥
仕《し》事
仕える《つかえる》

⑦
今度《ど》
温度《ど》

⑧
転げる《ころげる》
自転《てん》車

⑨
生死《し》
死ぬ《しぬ》

⑩
命拾い《びろい》
拾い《ひろい》物

十二グループ

〔二学期〕

① 深い　ふかい
深まる　ふかまる
注意深い　ちゅういぶかい
深海　しんかい

② 悲しみ　かなしみ
悲しい　かなしい
悲鳴　ひめい

③ 打ち勝つ　うちかつ
勝手　かって
勝負　しょうぶ
勝者　しょうしゃ

④ 早起き　はやおき
起きる　おきる
起立　きりつ

⑤ 配たつ　はいたつ
手配　てはい
配分　はいぶん
心配　しんぱい
本を配る　ほんをくばる

⑥ 歯みがき　はみがき
入れ歯　いれば
歯科　しか

④ 卒《そっ》業　そつぎょう
農業　のうぎょう
工業　こうぎょう
休業　きゅうぎょう
作業　さぎょう

⑧ 九州　きゅうしゅう
本州　ほんしゅう

⑨ 旅館　りょかん
旅行　りょこう
旅人　たびびと

⑩ 皿　さら
皿洗い　さらあらい
小皿　こざら

シ は	歯	⑥	シン　ふかい・ふかまる ふかめる	深	①
ギョウ	業	⑦	ヒ かなしい・かなしむ	悲	②
シュウ	州	⑧	ショウ かつ	勝	③
リョ たび	旅	⑨	キ おきる・おこる・おこす	起	④
さら	皿	⑩	ハイ くばる	配	⑤

① □《ふかい》 □《しん》海

② □《かなしみ》 □《ひ》鳴

③ 打ち□《かつ》 □《しょう》負

④ 早□《おき》 □《き》立

⑤ □《はい》たつ 心□《ぱい》

⑥ □《は》みがき □《し》科

⑦ 卒《そっ》□《ぎょう》 農□《ぎょう》

⑧ 九□《しゅう》 本□《しゅう》

⑨ □《りょ》館 □《たび》人

⑩ □《さら》 小□《ざら》

① 深《ふか》い　深《しん》海

② 悲《かな》しみ　悲《ひ》鳴

③ 打ち勝《か》つ　勝《しょう》負

④ 早起《お》き　起《き》立

⑤ 配《はい》たつ　心配《ばい》

⑥ 歯《は》みがき　歯《し》科

⑦ 卒《そつ》業《ぎょう》　農業《ぎょう》

⑧ 九州《しゅう》　本州《しゅう》

⑨ 旅《りょ》館　旅《たび》人

⑩ 皿《さら》　小皿《ざら》

十三グループ

〔二学期〕

①整とん	せいとん
整理	せいり
調整	ちょうせい
整える	ととのえる
②息	いき
ため息	ためいき
消息	しょうそく
③終える	おえる
終わる	おわる
終点	しゅうてん
④二階	にかい
階下	かいか
階だん	かいだん
⑤暗い	くらい
明暗	めいあん
暗号	あんごう
暗記	あんき
⑥暑い	あつい
暑中みまい	しょちゅうみまい
⑦寒い	さむい
寒空	さむぞら
寒気	かんき
⑧遊ぶ	あそぶ
遊園地	ゆうえんち
遊具	ゆうぐ
⑨板の間	いたのま
黒板	こくばん
鉄板	てっぱん
⑩飲食店	いんしょくてん
飲料水	いんりょうすい
（水を）飲む	のむ

番号	読み	漢字
①	セイ ととのえる・ととのう	整
②	ソク いき	息
③	シュウ おわる・おえる	終
④	カイ	階
⑤	アン くらい	暗
⑥	ショ あつい	暑
⑦	カン さむい	寒
⑧	ユウ あそぶ	遊
⑨	ハン・バン いた	板
⑩	イン のむ	飲

①
□《せい》とん
□《ととのえる》

②
□《いき（をはく）》
消□《そく》

③
□《おえる》
□《しゅう》点

④
二□《かい》
□《かい》だん

⑤
□《くらい》
明□《あん》

⑥
□《あつい（夏）》
□《しょ》中みまい

⑦
□《さむい》
□《かん》気

⑧
□《あそぶ》
□《ゆう》具

⑨
□《いた》の間
黒□《ばん》

⑩
□《いん》食店
□《（水を）のむ》

①

整《せい》とん

整える《ととのえる》

②

息《いき（をはく）》

消

息《そく》

③

終える《おえる》

終《しゅう》

点

④

二

階《かい》

階《かい》

だん

⑤

暗い《くらい》

明

暗《あん》

⑥

暑い《あつい（夏）》

暑《しょ》

中みまい

⑦

寒い《さむい》

寒《かん》

気

⑧

遊ぶ《あそぶ》

遊《ゆう》

具

⑨

板《いた》

の間

黒

板《ばん》

⑩

飲《いん》

食店

飲む《（水を）のむ》

十四グループ 〔二学期〕

① ふり返る　ふりかえる
聞き返す　ききかえす
返事　へんじ
返品　へんぴん
② 柱　はしら
鉄柱　てっちゅう
電柱　でんちゅう
③ 感じる　かんじる
感想　かんそう
感心　かんしん
感動　かんどう

④ 自分自身　じぶんじしん
全身　ぜんしん
身長　しんちょう
身のまわり　みのまわり
⑤ 受け入れる　うけいれる
受ける　うける
受信　じゅしん
⑥ 軽い　かるい
手軽　てがる
軽食　けいしょく
⑦ 追う　おう
追い風　おいかぜ

追究　ついきゅう
⑧ 決める　きめる
決意　けつい
決定　けってい
⑨ 荷物　にもつ
重荷　おもに
荷車　にぐるま
荷台　にだい
⑩ 持つ　もつ
気持ち　きもち
持ち物　もちもの
所持品　しょじひん

返	ヘン かえす・かえる	①	
柱	チュウ はしら	②	
感	カン	③	
身	シン み	④	
受	ジュ うける・うかる	⑤	
軽	ケイ かるい	⑥	
追	ツイ おう	⑦	
決	ケツ きめる・きまる	⑧	
荷	に	⑨	
持	ジ もつ	⑩	

①
ふり□《かえる》

□《へん》事

②
□《はしら》

電□《ちゅう》

③
□《かんじる》

□《かん》動

④
自分自□《しん》

□《み》のまわり

⑤
□《うけ》入れる

□《じゅ》信

⑥
□《かるい》

□《けい》食

⑦
（あとを）□《おう》

□《つい》究

⑧
□《きめる》

□《けつ》意

⑨
□《に》物

重□《に》

⑩
（手で）□《もつ》

所□《じ》品

① ふり返る《かえる》

返《へん》事

② 柱《はしら》

電柱《ちゅう》

③ 感じる《かんじる》

感《かん》動

④ 自分自身《しん》

身《み》のまわり

⑤ 受け《うけ》入れる

受《じゅ》信

⑥ 軽い《かるい》

軽《けい》食

⑦ 追う《（あとを）おう》

追《つい》究

⑧ 決める《きめる》

決《けつ》意

⑨ 荷《に》物

重荷《に》

⑩ 持つ《（手で）もつ》

所持《じ》品

十五グループ

〔二学期〕

① 乗る　のる
乗客　じょうきゃく
乗車　じょうしゃ
乗用車　じょうようしゃ
② 鉄橋　てっきょう
鉄道　てつどう
地下鉄　ちかてつ
③ 歩道橋　ほどうきょう
橋の下　はしのした
さん橋　さんばし
④ 鼻歌　はなうた
鼻水　はなみず
鼻血　はなぢ
鼻声　はなごえ
⑤ 駅　えき
駅長　えきちょう
駅員　えきいん
⑥ 待つ　まつ
待合室　まちあいしつ
期待　きたい
⑦ 助かる　たすかる
助言　じょげん
助走　じょそう
助手　じょしゅ
⑧ 守る　まもる
見守る　みまもる
守備《び》　しゅび
⑨ 相談　そうだん
対談　たいだん
面談　めんだん
⑩ 反対　はんたい
反発　はんぱつ
反感　はんかん
体を反る　からだをそる

①	ジョウ のる・のせる	乗
②	テツ	鉄
③	キョウ はし	橋
④	はな	鼻
⑤	エキ	駅
⑥	タイ まつ	待
⑦	ジョ たすける・たすかる	助
⑧	シュ・ス まもる	守
⑨	ダン	談
⑩	ハン そる・そらす	反

①
□《の》る

□《じょう》客

②
□《てっ》橋

□《てつ》道

③
歩道□《きょう》

□《はし》の下

④
□《はな》歌

□《はな》水

⑤
□《えき》

□《えき》長

⑥
□《ま》つ

期□《たい》

⑦
□《たすかる》

□《じょ》言

⑧
□《まもる》

□《しゅ》備《び》

⑨
相□《だん》

面□《だん》

⑩
□《はん》対

体を□《そる》

①

乗《の》る

乗《じょう》客

②

鉄《てっ》橋

鉄《てつ》道

③

歩道橋《きょう》

橋《はし》の下

④

鼻《はな》歌

鼻《はな》水

⑤

駅《えき》

駅《えき》長

⑥

待《ま》つ

期待《たい》

⑦

助《たす》かる

助《じょ》言

⑧

守《まも》る

守《しゅ》備《び》

⑨

相談《だん》

面談《だん》

⑩

反《はん》対

体を反《そ》る

十六グループ 〔二学期〕

①昔	むかし
昔話	むかしばなし
大昔	おおむかし
②使う	つかう
使用	しよう
使者	ししゃ
③道具	どうぐ
農具	のうぐ
絵具	えのぐ
家具	かぐ
④お湯	おゆ
熱湯	ねっとう
⑤皮（いもの）	かわ
皮ふ	ひふ
表皮	ひょうひ
⑥畑	はたけ
畑仕事	はたけしごと
花畑	はなばたけ
田畑	たはた
⑦（花を）植える	うえる
植物	しょくぶつ
⑧宿屋	やどや
命を宿す	いのちをやどす
宿題	しゅくだい
合宿	がっしゅく
⑨世界	せかい
世間	せけん
五世紀《き》	ごせいき
世の中	よのなか
⑩げん界	げんかい
業界	ぎょうかい
野球界	やきゅうかい

①	むかし	昔
②	シ つかう	使
③	グ	具
④	トウ ゆ	湯
⑤	ヒ かわ	皮
⑥	はた・はたけ	畑
⑦	ショク うえる・うわる	植
⑧	シュク やど・やどる・やどす	宿
⑨	セイ・セ よ	世
⑩	カイ	界

①

□《むかし》

□《むかし》話

②

□《つかう》

□《し》用

③

道□《ぐ》

農□《ぐ》

④

お□《ゆ》

熱□《とう》

⑤

□《(いもの)かわ》

□《ひ》ふ

⑥

□《はたけ》

田□《はた》

⑦

□《(花を)うえる》

□《しょく》物

⑧

□《やど》屋

□《しゅく》題

⑨

□《せ》□《かい》

五□《せい》紀《き》

⑩

げん□《かい》

①

昔《むかし》

昔《むかし》話

②

使《つか》う

使《し》用

③

道具《ぐ》

農具《ぐ》

④

お湯《ゆ》

熱湯《とう》

⑤

（いもの）皮《かわ》

皮《ひ》ふ

⑥

畑《はたけ》

田畑《はた》

⑦

（花を）植える《うえる》

植《しょく》物

⑧

宿《やど》屋

宿《しゅく》題

⑨

世《せ》界《かい》

五世《せい》紀《き》

⑩

げん界《かい》

十七グループ
〔二学期〕

① **期**待　きたい
期日　きじつ
期間　きかん
時**期**　じき

② **進**める　すすめる
前**進**　ぜんしん
行**進**　こうしん
進歩　しんぽ

③ 大**豆**　だいず
豆まき　まめまき
豆ふ　とうふ

④ **育**てる　そだてる
育つ　そだつ
教**育**　きょういく
体**育**　たいいく

⑤ **泳**ぐ　およぐ
平**泳**ぎ　ひらおよぎ
水**泳**　すいえい

⑥ **注**文　ちゅうもん
注意　ちゅうい
注目　ちゅうもく
(水を)**注**ぐ　そそぐ

⑦ **消**化　しょうか
消える　きえる
消す　けす

⑧ 文**化**　ぶんか
化学　かがく
化ける　ばける

⑨ **緑**茶　りょくちゃ
新**緑**　しんりょく
黄**緑**　きみどり

⑩ **氷**水　こおりみず
氷　こおり
氷山　ひょうざん
流**氷**　りゅうひょう

①	キ	期
②	ジン すすむ・すすめる	進
③	トウ・ズ まめ	豆
④	イク　そだつ・そだてる はぐくむ	育
⑤	エイ およぐ	泳
⑥	チュウ そそぐ	注
⑦	ショウ きえる・けす	消
⑧	カ ばける・ばかす	化
⑨	リョク みどり	緑
⑩	ヒョウ こおり	氷

① □《き》待

時□《き》

② □《すすめる》

前□《しん》

③ 大□《ず》

□《まめ》まき

④ □《そだてる》

教□《いく》

⑤ □《およぐ》

水□《えい》

⑥ □《ちゅう》文

（水を）□《そそぐ》

⑦ □《しょう》□《か》によい食べ物

（火を）□《けす》

⑧ （人に）□《ばける》

⑨ □《りょく》茶

黄□《みどり》

⑩ □《こおり》水

□《ひょう》山

①

期《き》待

時期《き》

②

進める《すすめる》

前進《しん》

③

大豆《ず》

豆《まめ》まき

④

育てる《そだてる》

教育《いく》

⑤

泳ぐ《およぐ》

水泳《えい》

⑥

注《ちゅう》文

（水を）注ぐ《そそぐ》

⑦

消《しょう》化《か》によい食べ物

（火を）消す《けす》

⑧

（人に）化ける《ばける》

⑨

緑《りょく》茶

黄緑《みどり》

⑩

氷《こおり》水

氷《ひょう》山

十八グループ

〔二・三学期〕

① 満《まん》員　まんいん
全員　ぜんいん
店員　てんいん
社員　しゃいん
会員　かいいん

② 手帳　てちょう
日記帳　にっきちょう
地図帳　ちずちょう

（三学期）
③ 役に立つ　やくにたつ
役所　やくしょ
主役　しゅやく

④ 勉強　べんきょう
勉学　べんがく
きん勉　きんべん

⑤ 病院　びょういん
入院　にゅういん
寺院　じいん

⑥ 有名　ゆうめい
所有　しょゆう
有り金　ありがね

⑦ その他　そのほか（た）
他人　たにん
他国　たこく

⑧ 他府《ふ》県　たふけん
県道　けんどう
県立　けんりつ
都道府《ふ》県　とどうふけん

⑨ 苦しむ　くるしむ
楽あれば苦あり　らくあればくあり
苦い　にがい
苦りきった顔　にがりきったかお

⑩ 運ぶ　はこぶ
幸運　こううん
運動会　うんどうかい

番号	漢字	読み
①	員	イン
②	帳	チョウ
③	役	ヤク
④	勉	ベン
⑤	院	イン
⑥	有	ユウ ある
⑦	他	タ ほか
⑧	県	ケン
⑨	苦	ク　くるしい・くるしむ にがい・にがる
⑩	運	ウン はこぶ

① 満《まん》□《いん》
全□《いん》

② 手□《ちょう》
日記□《ちょう》

③ □《やく》に立つ
主□《やく》

④ □《べん》強
□《べん》学

⑤ 病□《いん》
入□《いん》

⑥ □《ゆう》名
□《あり》金

⑦ その□《ほか》
□《た》人

⑧ 他府《ふ》□《けん》
□《けん》立

⑨ □《くるしむ》
□《にがい》

⑩ □《はこぶ》
□《うん》動会

① 満《まん》員《いん》

全員《いん》

② 手帳《ちょう》

日記帳《ちょう》

③ 役《やく》に立つ

主役《やく》

④ 勉《べん》強

勉《べん》学

⑤ 病院《いん》

入院《いん》

⑥ 有《ゆう》名

有り《あり》金

⑦ その他《ほか》

他《た》人

⑧ 他府《ふ》県《りん》

県《けん》立

⑨ 苦しむ《くるしむ》

苦い《にがい》

⑩ 運ぶ《はこぶ》

運《うん》動会

十九グループ

〔三学期〕

①	始める	はじめる
	始まる	はじまる
	開始	かいし
	年始	ねんし
②	お宮	おみや
	宮大工	みやだいく
	宮でん	きゅうでん
③	秋祭り	あきまつり
	神を祭る	かみをまつる
	文化祭	ぶんかさい
④	笛の音	ふえのね
	口笛	くちぶえ
	たて笛	たてぶえ
	草笛	くさぶえ
	汽笛	きてき
⑤	坂道	さかみち
	坂の下	さかのした
	上り坂	のぼりざか
⑥	美しい	うつくしい
	美声	びせい
	美化	びか
⑦	神社	じんじゃ
	神話	しんわ
	神様	かみさま
⑧	さいせん箱	さいせんばこ
	筆箱	ふでばこ
	本箱	ほんばこ
	薬箱	くすりばこ
⑨	羊	ひつじ
	羊毛	ようもう
	羊かん	ようかん
⑩	炭やき	すみやき
	炭火	すみび
	石炭	せきたん

ビ うつくしい 美	⑥	シ はじめる・はじまる 始	①
シン・ジン かみ 神	⑦	キュウ みや 宮	②
はこ 箱	⑧	サイ まつる・まつり 祭	③
ヨウ ひつじ 羊	⑨	テキ ふえ 笛	④
タン すみ 炭	⑩	さか 坂	⑤

①
□《はじめる》
開□《し》

②
お□《みや》
□《きゅう》でん

③
秋□《まつり》
文化□《さい》

④
□《ふえ》の音
汽□《てき》

⑤
□《さか》道
上り□《ざか》

⑥
□《うつくしい》
□《び》声

⑦
□《じん》社
□《かみ》様

⑧
さいせん□《ばこ》
筆□《ばこ》

⑨
□《ひつじ》
□《よう》毛

⑩
□《すみ》やき
石□《たん》

①

始める《はじめる》

開始《し》

②

お宮《みや》

宮《きゅう》でん

③

秋祭り《まつり》

文化祭《さい》

④

笛《ふえ》の音

汽笛《てき》

⑤

坂《さか》道

上り坂《ざか》

⑥

美しい《うつくしい》

美《び》声

⑦

神《じん》社

神《かみ》様

⑧

さいせん箱《ばこ》

筆箱《ばこ》

⑨

羊《ひつじ》

羊《よう》毛

⑩

炭《すみ》やき

石炭《たん》

二十グループ

〔三学期〕

①温める　あたためる
温度　おんど
気温　きおん
②金庫　きんこ
車庫　しゃこ
書庫　しょこ
③放火　ほうか
放送　ほうそう
(魚を)放つ　はなつ
(ボールを)放る　ほうる
④区長　くちょう
区分　くぶん
区切る　くぎる
⑤高等学校　こうとうがっこう
対等　たいとう
平等　びょうどう
等しい　ひとしい
⑥幸福　こうふく
ゆう福　ゆうふく
福の神　ふくのかみ
⑦(お金を)送る　おくる
見送る　みおくる
送金　そうきん
送球　そうきゅう
⑧根気　こんき
大根　だいこん
屋根　やね
根っこ　ねっこ
⑨速たつ　そくたつ
速度　そくど
(走りが)速い　はやい
(スピードが)速まる　はやまる
⑩指導《どう》　しどう
指さす　ゆびさす
指し示《しめ》す　さししめす

番号	読み	漢字
①	オン　あたたか・あたたかい・あたたまる・あたためる	温
②	コ	庫
③	ホウ　はなす・はなつ はなれる・ほうる	放
④	ク	区
⑤	トウ ひとしい	等
⑥	フク	福
⑦	ソウ おくる	送
⑧	コン ね	根
⑨	ソク はやい・はやめる	速
⑩	シ ゆび・さす	指

①
あたためる □

おん □ 度

②
金 こ □

書 こ □

③
ほう □ 火

（魚を）はなつ □

④
く □ 長

く □ 分

⑤
高 とう □ 学校

ひとしい □

⑥
幸 ふく □

ゆう ふく □

⑦
（お金を）おくる □

そう □ 金

⑧
こん □ 気

屋 ね □

⑨
そく □ たつ

（走りが）はやい □

⑩
し □ 導《どう》

ゆび □ さす

①

温《あたた》める

温《おん》度

②

金庫《こ》

書庫《こ》

③

放《ほう》火

（魚を）放《はな》つ

④

区《く》長

区《く》分

⑤

高等《とう》学校

等《ひと》しい

⑥

幸福《ふく》

ゆう福《ふく》

⑦

（お金を）送《おく》る

送《そう》金

⑧

根《こん》気

屋根《ね》

⑨

速《そく》たつ

（走りが）速《はや》い

⑩

指《し》導《どう》

指《ゆび》さす

◘著者紹介

井上 憲雄（いのうえ のりお）

1957 年、兵庫県美方郡香美町に生まれる。
1981 年、関西学院大学文学部卒業。
2005 年、聖徳大学大学院児童学研究科博士前期課程を修了。
　　この間、兵庫県内の小学校で 32 年間教職につく。

著書
『学校・家庭・地域で「育てる」学力』（桐書房 2004 年）、『輝け！ 12 歳 希望への挑戦』（本の泉社 2007 年）、『小学校学習漢字 1006 字がすべて読める漢字童話』（本の泉社 2009 年）、『中学校学習漢字 939 字がすべて読める漢字童話』（本の泉社 2009 年）、『小学校学習漢字 1006 字がすべて書ける漢字童話　ドリル版１、２、３年生用』（本の泉社 2010 年）、『小学校学習漢字 1006 字がすべて書ける漢字童話　ドリル版４、５、６年生用』（本の泉社 2010 年）、『新常用漢字 1130 字がすべて読める中・高校生の漢字童話　貧乏神は福の神』（本の泉社 2011 年）など。

学年別《がくねんべつ》 漢字童話《かんじどうわ》シリーズ３　楽《たの》しく読《よ》んでスラスラおぼえる
３年生《ねんせい》の漢字童話《かんじどうわ》　オオカミ ギラの商売《しょうばい》

2014 年 4 月 26 日　初版第１刷発行
2015 年 11 月 19 日　初版第２刷発行

著　者●井上《いのうえ》 憲雄《のりお》
発行者●比留川 洋
発行所●株式会社 本の泉社
　　〒 113-0033　東京都文京区本郷 2-25-6
　　TEL：03-5800-8494　FAX：03-5800-5353
　　http://www.honnoizumi.co.jp
印　刷●音羽印刷株式会社
製　本●音羽印刷株式会社

ISBN978-4-7807-1137-0 C6037
定価はカバーに表示してあります。落丁・乱丁本はお取り替えいたします。